HISTORIA PARA NIÑOS
LOS VIKINGOS

Miguel Ángel Saura

 Editorial el Pirata

PUNTOS CLAVE DE LA HISTORIA VIKINGA

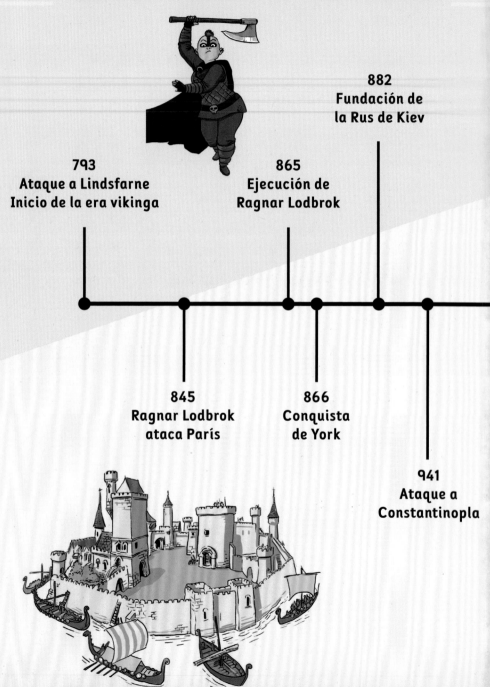

882
Fundación de
la Rus de Kiev

793
Ataque a Lindsfarne
Inicio de la era vikinga

865
Ejecución de
Ragnar Lodbrok

845
Ragnar Lodbrok
ataca París

866
Conquista
de York

941
Ataque a
Constantinopla

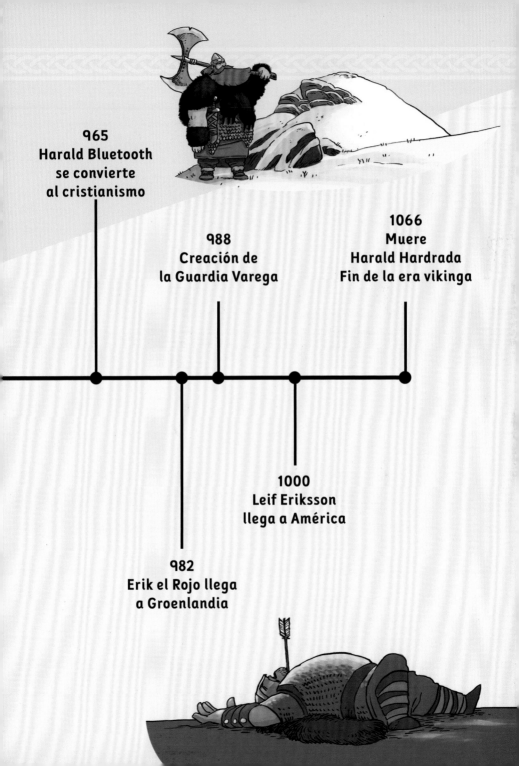

965
Harald Bluetooth
se convierte
al cristianismo

988
Creación de
la Guardia Varega

1066
Muere
Harald Hardrada
Fin de la era vikinga

1000
Leif Eriksson
llega a América

982
Erik el Rojo llega
a Groenlandia

ÍNDICE

QUIÉNES ERAN LOS VIKINGOS

Los vikingos estuvieron entre los mejores navegantes de la historia y fueron los guerreros más temidos de la Edad Media. Grandes conquistadores y comerciantes, colonizaron Islandia y Groenlandia, y llegaron a las costas de América siglos antes que los españoles.

Los vikingos dieron forma al mundo actual. Seguidnos en este viaje a través de la historia y descubriréis por qué los vikingos nos fascinan tanto.

EN EL FONDO, SOMOS BUENA GENTE.

¿Cascos con cuernos?

Uno de los **mitos** más extendidos sobre los vikingos es que sus cascos tenían cuernos. A los guerreros se los **enterraba** con sus armas y armaduras, así que sabemos bastante sobre sus equipos de combate. Usaban cuchillos, espadas y hachas; se protegían con cotas de malla, y sus cascos eran bastante simples. A veces tenían un protector en la nariz y en los ojos, pero **nunca** cuernos. Entonces, ¿por qué siempre se los representa con ellos?

Resulta que el pintor sueco **Gustav Malmström** pintó una serie de cuadros de vikingos que lucían espectaculares cascos con cuernos. Un tiempo después, **Richard Wagner** compuso una serie de óperas muy populares sobre antiguas leyendas germánicas. Al diseñar el vestuario, les pusieron cuernos porque quedaban bien en escena. La idea gustó mucho y, desde entonces, a los vikingos se los representa con esos cascos.

En la era vikinga, los guerreros, al ser atacados, se ponían unos junto a otros para formar un muro de escudos y protegerse de los ataques enemigos. En ese caso, los cuernos hubieran sido bastante molestos.

Algunas de las historias que nos han llegado sobre los vikingos estaban escritas por **monjes** cristianos medievales, que los veían como salvajes demonios que venían del mar. En algunos de estos exagerados relatos, se decía que los vikingos cortaban la cabeza de sus enemigos para fabricar **vasos** con su cráneo. En realidad, los vikingos no bebían en vasos, sino en cuernos vacíos.

¿De dónde venían los vikingos?

Los vikingos vivían en **Escandinavia**, una región al norte de Europa formada por Noruega, Suecia y Dinamarca.

Es una zona muy **fría**, con pocas tierras que se puedan cultivar. Casi todos los pueblos se construían cerca del **mar** y los escandinavos se convirtieron en excelentes marineros.

Hacia el siglo VII, algunos pescadores y comerciantes escandinavos empezaron a cruzar el mar del Norte para llegar a las costas de Inglaterra y Francia. Allí se encontraron pequeños pueblos costeros sin defensas, donde era muy fácil llegar, **robar** y marcharse.

Descubrieron que robar oro y capturar esclavos era mucho más rentable que pescar arenques y comerciar con pieles de foca. En pocos años, no había ningún lugar a salvo de los terribles bárbaros que venían del mar.

OCÉANO ATLÁNTICO

ISLANDIA

IRLANDA

INGLATERRA

MAR DEL NORTE

FRANCIA

MAR MEDITERR

N
NO
NE
O
E
SO
SE
S

UN POBLADO VIKINGO

Al principio de la era vikinga, los habitantes de Escandinavia vivían en **pequeños poblados costeros**. Cada pueblo tenía su propio jefe y cada jefe solía estar en guerra con el vecino. Hoy por hoy, no sabemos por qué estos granjeros y pescadores cambiaron su modo de vida para dedicarse al **saqueo**.

Es posible que una serie de **malas cosechas** empujara a muchos de ellos a un cambio en sus costumbres.

Por otra parte, mientras los grandes reinos de Europa se habían dividido en pequeños reinos mucho más débiles, algunos jefes vikingos consiguieron **unificar** diversos clanes y aldeas para crear comunidades más grandes. Estas nuevas comunidades podían construir más barcos y planear expediciones más ambiciosas. Con el tiempo, los vikingos dejaron de pensar en llegar, robar y marcharse, y empezaron a plantearse **conquistar** nuevos territorios más allá del mar.

Las **casas** de los vikingos estaban pensadas para proteger a sus habitantes de los largos **inviernos** escandinavos. A menudo estaban hechas de madera, pero algunas casas, sobre todo las de los jefes, podían ser de piedra.

Lo normal era que tuvieran **un solo espacio** donde se cocinaba, se dormía y se trabajaba. En un extremo había un granero y una cuadra para los animales, que así estaban más controlados y calentaban la casa.

Sus casas no tenían chimeneas ni ventanas, porque no sabían fabricar cristal. El **humo** de las hogueras solo salía por una abertura en el techo, así que las casas eran **oscuras**, apestosas y llenas de humo. En muchos casos, las paredes se recubrían con tierra y hierba para protegerse del frío. Los vikingos dormían muy apretados y, si alguien tenía una enfermedad contagiosa, se le dejaba en una tienda de campaña afuera hasta que se recuperaba o se moría.

CONSTRUYENDO
UN BARCO VIKINGO

Los barcos vikingos tenían la parte de abajo **plana** para poder navegar por ríos y zonas poco profundas. El casco estaba construido con tablones de madera, normalmente de **roble**. Tenían un mástil desmontable, una vela cuadrada y espacio para los remos.

Empleaban un timón lateral y una gran piedra con un agujero en el centro para pasar una cuerda, como ancla.

La parte más importante del barco era el **tronco** de roble que recorría el barco de punta a punta. A esta pieza se unían los tablones, que se fijaban con clavos de acero. El espacio entre las tablas se rellenaba con musgo, lana de oveja o alquitrán, para que el agua no entrase en el barco.

Tablones sin sierra

Cuando se construía un barco, los artesanos vikingos partían la madera usando cuñas y mazas, siguiendo las **vetas** naturales de la madera. Los tablones que se obtenían con este método eran más **resistentes** que los tablones normales, cortados con una sierra.

Cuando un barco de guerra estaba listo para navegar, un carpintero esculpía una figura, llamada **mascarón de proa**, que iba situada en la parte delantera del barco.

Normalmente, tenía forma de **dragón** o de serpiente. De ahí que los vikingos llamasen a sus barcos de guerra «drakkar», 'dragón', o «snekke», 'serpiente'.

LOS BARCOS DRAGÓN

Drakkar y *snekker*: los barcos vikingos de guerra

Estos barcos de guerra eran el terror de los mares en la era vikinga. Eran **ligeros y rápidos**, servían tanto para atacar pequeños poblados costeros como para remontar los ríos en busca de las ciudades del interior. Podían navegar con solo un metro de profundidad y eran tan ligeros que, si era necesario, se podían transportar por tierra.

Para navegar por un río a contracorriente, toda la tripulación tenía que remar por turnos. Eso hizo que, en muchos lugares del interior de Europa, a los vikingos los llamaran **Rus**, que significa 'los que reman'.

Los *knarr*

Eran barcos para el transporte de mercancías y las travesías largas. Se cree que estos barcos se usaban para los viajes de **exploración**.

Debido a las grandes distancias que recorrían, estaban preparados para que se pudiera pasar la noche a bordo. Los marineros montaban tiendas de campaña en la cubierta y se metían en sacos de dormir hechos de piel de morsa.

Los vikingos solían enterrar a sus muertos en pequeñas fosas junto con algunos de sus **objetos** más queridos. Normalmente, los guerreros eran enterrados con sus armas y las mujeres con sus joyas y sus mejores vestidos.

A las personas más ricas y poderosas, se las solía enterrar en **barcos**. Allí se depositaban las armas, las joyas y los caballos. A menudo, las esposas o los esclavos del difunto eran **sacrificados** para que le hicieran compañía en la otra vida.

En algunas ocasiones, los barcos eran **quemados** en una pira y, en otras, se les prendía fuego mientras flotaban mar adentro. Es lo que hoy recordamos como «funeral vikingo».

Los túmulos vikingos

En muchos casos, las personas importantes de una comunidad eran enterradas en el interior de túmulos: montones de piedra y tierra que cubren una tumba. La mayor parte de la información que tenemos sobre los barcos vikingos nos la han proporcionado estas tumbas. En algunos casos, el túmulo ha **conservado** el barco enterrado en el interior. Gracias a estos hallazgos, hoy podemos saber muchas cosas sobre la forma en que los vikingos construían sus barcos.

Los vikingos no conocían el papel. Para limpiarse cuando iban al lavabo, utilizaban **musgo**.

Cuenta la leyenda que, en el año 1016, un vikingo asesinó al rey **Edmundo II** de Inglaterra. El guerrero se metió en la letrina del rey y, cuando Edmundo se sentó para hacer sus necesidades, le clavó una daga en el trasero.

Cuando una pareja vikinga se casaba, se alimentaban con un preparado de **miel** durante un ciclo lunar. De ahí viene la expresión «luna de miel».

Los *berserkers*, guerreros de Odín

Eran unos **guerreros** vikingos que luchaban sin armadura y cubiertos con pieles de animales. Se decía que eran tan fuertes como osos porque, antes de entrar en combate, consumían **hongos** alucinógenos que los volvían insensibles al dolor. Enloquecían y atacaban con una furia que hacía temblar a sus enemigos.

La dieta vikinga se basaba en los **cereales**, con los que hacían pan y cerveza. La **carne** se obtenía de animales domésticos como la vaca y el cerdo, y el **pescado** era también un alimento muy importante. A decir verdad, los vikingos no tenían muchas manías con la comida. La norma era algo así como «si se mueve y tiene ojos, nos lo podemos comer».

En la siguiente ilustración, puedes ver un montón de **animales** en una despensa. ¿Sabrías decir qué animales del dibujo formaban parte de la dieta de un vikingo?

Respuesta: Todos ellos. Los vikingos comían pescado, pero también carne de foca, morsa, caballo, oso, ballena, alce, jabalí, pato y conejo.

MITOLOGÍA NÓRDICA

Cuando hablamos de mitología nórdica, nos referimos a la **religión** y las **leyendas** en las que creían los vikingos y otros pueblos del norte de Europa.

Se trata de un conjunto de historias legendarias protagonizadas por héroes, dioses y gigantes. No era una religión estructurada, no tenía una verdad única entregada por los dioses a los mortales, ni tampoco un libro sagrado. Se transmitía en forma de **cuentos, canciones y poemas**.

Muchos de estos textos se compusieron durante la época vikinga y llegaron a nosotros gracias a que algunos monjes medievales empezaron a ponerlos por escrito.

Según la mitología nórdica, nuestro mundo es tan solo una rama de **Yggdrasil**, el gran fresno del universo. Este árbol eterno mantiene unido el cosmos y se divide en tres partes.

En la copa está **Asgard**, el hogar de los dioses. Desde su palacio en lo más alto, Odín, el dios supremo, contempla los **nueve mundos**: Asgard, Vanaheim, Alfheim, Midgard, Jötunheim, Muspellheim, Svartalfeim, Niflheim y Helheim. También viven en la copa un águila y una ardilla gigante.

En el centro está nuestro mundo, **Midgard**, y a su alrededor vive una colosal serpiente llamada **Jörmungandr**.

Las raíces del árbol se dividen en tres: una va hacia una fuente **helada** donde un dragón muerde las raíces del Yggdrasil. Otra se dirige al hogar de las **nornas**, unos espíritus femeninos que tejen en un tapiz el destino del mundo. Los hilos del tapiz son vidas humanas y, cuanto más largos son, más tiempo vive esa persona. La tercera raíz se dirige al pozo de **Mimir**, la fuente de la sabiduría.

Nuestro mundo surgió del **fuego y el hielo**, cuando Odín y sus hermanos mataron un **gigante**. De su cuerpo crearon la tierra, de su sangre el mar, de su cráneo el cielo, de sus huesos las montañas, de su pelo los bosques y de su cerebro las nubes.

ODÍN, EL SABIO

Odín es la figura **principal** de la mitología nórdica. Es el dios de la sabiduría, la guerra y la muerte, y el **padre** de muchos otros dioses, como Thor o Balder. También es el **creador** de nuestro mundo. Odín tiene una lanza mágica que vuelve a sus manos cuando la arroja, un caballo de ocho patas veloz como el viento y una armadura de oro.

Odín es quien envía a las poderosas guerreras llamadas **valquirias** a recoger a los soldados que han muerto con honor en batalla, para que se sienten a su lado en el **Valhalla**, el salón de banquetes eternos. Al final de los tiempos, Odín guiará a los dioses y a los hombres contra las fuerzas del caos en la batalla del fin del mundo, el **Ragnarök**.

La sabiduría tiene un precio

Una de las historias más conocidas sobre Odín es la del **pozo de Mimir**.

Dicen que, al principio de los tiempos, Odín viajó hasta la tierra de los **gigantes de hielo** para beber las aguas del pozo del gigante Mimir, porque aquel que las bebiera obtendría la **sabiduría** absoluta, podría conocer los secretos del universo e incluso el futuro.

Mimir le pidió a cambio uno de sus **ojos**. Odín se arrancó el ojo con sus propias manos y lo lanzó al pozo. Así fue como pudo beber y ser el más **sabio** de todos los dioses. El conocimiento le costó, literalmente, un ojo de la cara.

Al cabo de un tiempo, estalló una guerra entre dioses. Los enemigos de Odín le cortaron la **cabeza** a Mimir. Odín la encontró y, con su magia, logró que la cabeza volviera a la vida y le diera consejos.

CARAMBA, NI MUERTO ME DEJAN EN PAZ.

Cuando a Thor le robaron el martillo

Un día, Thor se despertó de la siesta y se dio cuenta de que alguien le había **robado** su martillo. **Loki** oyó sus gritos de ira y le ofreció ayuda para recuperarlo. Sospechando de los gigantes del hielo, Loki voló al mundo de estos y se enteró de que el rey **Thrymr** tenía el martillo. Thrymr ofreció devolvérselo a cambio de la mano de Freya, la diosa del amor.

La diosa no quería casarse con un gigante, pero se les ocurrió una idea: Thor se **disfrazaría** de Freya y Loki de criada, para engañar a Thrymr y recuperar el martillo.

Thor y Loki volvieron disfrazados a **Jötunheim**, el mundo de los gigantes, y Thrymr celebró un banquete de bodas. Thor, ni corto ni perezoso, devoró un cerdo entero y se bebió él solo un barril de cerveza, lo que sorprendió al rey de los gigantes.

Loki le dijo que la novia estaba tan nerviosa por la boda que llevaba ocho días sin comer y el gigante se lo creyó. Para impresionar a la novia, Thrymr le enseñó su **tesoro** más preciado: el martillo de Thor.

Cuando Thor tuvo el martillo de nuevo en sus manos, se quitó el disfraz y empezó la **pelea**. Thor acabó con todos los gigantes que habían venido a la boda, incluido el rey Thrymr.

Un reto para un dios

En cierta ocasión, un gigante le planteó a Thor una serie de **retos**, ya que había oído de sus hazañas y quería comprobar si eran ciertas. Cuando Thor dijo que tenía sed, el gigante le ofreció un **cuerno** lleno de cerveza y le dijo que la costumbre era vaciarlo de un trago. Thor bebió y bebió, pero apenas fue capaz de vaciarlo un poco. Luego, el gigante le pidió que levantara a su **gato** y Thor solo pudo alzarle una pata. Por último, el gigante hizo venir a una **anciana** y le dijo a Thor que la señora había derrotado a los guerreros más poderosos. Thor fue a pelear con ella y se llevó una buena paliza.

Solo al final, el gigante le confesó a Thor que todo había sido un **truco**: el cuerno contenía el mar, el gato era en realidad Jörmungandr, la serpiente que rodea el mundo, y la vieja era la Muerte, a la que ni siquiera un dios puede vencer.

FREYA, DIOSA DEL AMOR

Freya, a menudo escrito también como **Freyja**, es uno de los personajes más importantes de la mitología nórdica.

Es la diosa del **amor** y de las **cosechas**. Se la representa como una joven muy hermosa de larga melena rubia. A menudo aparece montada en un carro tirado por **gatos** voladores, o cabalgando un **jabalí** gigante de pelo dorado. Freyja es también una poderosa **bruja** que conoce un montón de hechizos. Una de sus más preciadas posesiones es una capa hecha con plumas de halcón, con la que puede volar.

Además, es la comandante de las **valquirias** y va al frente de estas cuando conducen a los guerreros que han muerto con honor hacia el **Valhalla**, el salón de Odín.

El robo de Brísingamen

Al poco de irse a vivir a Asgard, Freya decidió visitar la tierra de los **enanos**. Encontró a cuatro de ellos, que eran joyeros y estaban trabajando en un maravilloso **collar** de oro y ámbar llamado Brísingamen, algo nunca visto. La diosa consiguió que le regalaran el collar y, desde entonces, lo consideró su posesión más valiosa. No se lo quitaba ni para dormir.

Una noche, mientras el dios guardián **Heimdal** vigilaba el hogar de los dioses, **Loki** se transformó en mosca y se coló en el palacio de Freya para robarle el collar. Cuando Heimdal lo descubrió, Loki cogió el collar y echó a correr, pero Heimdal era muy rápido y lo persiguió muy de cerca. Loki se transformó en **foca** y se lanzó al mar. Heimdal se transformó también en foca y se lanzó tras él. Cuando lo atrapó, lucharon un buen rato, hasta que Loki se rindió y le entregó el collar.

Heimdal corrió al palacio de Freya y le puso el collar antes de que se despertara, porque la diosa tenía muy mal genio y podía castigarlos muy duramente a ambos si descubría el robo.

Estas deidades femeninas sirven a Odín y se las venera como a las **guerreras** más feroces de la mitología.

Su misión es observar las **batallas** y elegir a los más valientes de entre los que han caído en combate.

Las valquirias transportan los espíritus de los guerreros muertos al Valhalla, un salón en el que se celebra una **fiesta** sin fin.

Según la mitología, el Valhalla o salón de los caídos está dividido en 540 salones de banquetes. La comida y la bebida no se acaban nunca y el techo está decorado con los escudos de los caídos en combate. De vez en cuando, los guerreros se emborrachan y **luchan** a muerte, pero no importa. Como ya están muertos, resucitan al día siguiente para seguir comiendo, bebiendo y peleando.

Cuando el mundo se acabe durante el **Ragnarök**, Odín necesitará a todos estos guerreros para librar una última batalla que decidirá el destino de los nueve mundos. Entonces, los guerreros caídos en combate saldrán de los salones y se prepararán para luchar contra un ejército de muertos y gigantes que intentarán destruir el mundo.

LOKI, DIOS DE LAS MENTIRAS

Loki es hijo de **gigantes**, pero aparece en muchos mitos como compañero de Thor y Odín. En otros relatos, Loki se comporta como el malo de la historia.

Siendo el dios del **engaño**, puede transformarse en mosca, en salmón o en foca, para embaucar a los demás y salirse con la suya.

En una ocasión, engatusó a unos **enanos** y los hizo competir entre sí en un concurso de habilidad. Los enanos crearon un martillo mágico y una lanza que volvía a las manos del que la arrojaba. Loki le regaló el martillo a Thor y la lanza a Odín.

Sleipnir

En cierta ocasión, un gigante llegó a Asgard con su caballo y prometió construir una enorme **muralla** si a cambio le entregaban a Freya en matrimonio. Odín no estaba de acuerdo, pero Loki cerró el trato con la condición de que el trabajo estuviera acabado en un plazo de seis meses.

El problema era que el caballo del gigante era **mágico** y podía transportar enormes bloques de piedra sin dormir ni descansar. Odín estaba muy enfadado, porque no quería que Freya acabara siendo la mujer de un gigante. Loki utilizó sus poderes para transformarse en una hermosa **yegua**, a la que el caballo mágico persiguió durante semanas. Sin su ayuda, el gigante no pudo terminar su trabajo a tiempo.

Cuando Loki volvió a Asgard, dio a luz a un veloz caballo de ocho patas llamado **Sleipnir** y se lo regaló a Odín.

Loki se casó con la giganta **Sigyn**, que le dio tres hijos monstruosos. Uno de ellos es **Fenrir**, un lobo gigante que algún día devorará el Sol y dejará el mundo a oscuras. Otra es **Hela**, la diosa del reino de los muertos, al que van a parar los que mueren sin honor. Su palacio está bajo tierra, rodeado de ríos de veneno y protegido por un perro monstruoso cubierto de sangre.

Otro de los hijos de Loki es **Jörmungandr**, la serpiente gigante que rodea Midgard. Thor tuvo que luchar contra Jörmungandr para impedir que destruyera el mundo y la lanzó al mar, donde se quedará hasta el Ragnarök. Es tan colosal que puede rodear toda la tierra y se dice que una vez tuvo tanta hambre que empezó a devorarse a sí misma, comenzando por la cola.

Balder, hijo de Odín, es el dios de la **paz**, de la luz y del perdón. Es guapo, simpático, y todo el mundo le quiere.

Pero resulta que, una vez, Balder empezó a tener horribles **pesadillas** en las que moría asesinado. Las pesadillas se repetían cada noche y Balder no se atrevía a cerrar los ojos. Su madre, **Frigg**, preocupada, hizo jurar a todos los seres vivos del universo que no matarían a Balder. Pero Frigg olvidó hacer jurar al **muérdago** y pensó que, como era un arbusto inofensivo, Balder estaría a salvo.

Mientras tanto, Odín había descubierto que los **hijos de Loki** causarían el fin del mundo. Ordenó encadenar al lobo Fenrir y que arrojaran a la serpiente Jörmungandr a las profundidades del mar. Loki estaba enfadado por lo mal que todo el mundo trataba a sus hijos, así que decidió castigar al hijo favorito de Odín, Balder.

La muerte de Balder

Como ningún objeto del universo podía matarlo, los dioses inventaron un juego para divertirse durante los banquetes: arrojar cosas a Balder. Le tiraban lanzas o hachas, pero nada podía hacerle daño.

Loki descubrió que había un ser que no había hecho el juramento y fabricó una **flecha** con muérdago. Mientras todos lanzaban cosas a Balder, Loki cambió una de las flechas de **Hödr**, el hermano ciego de Balder, por su flecha hecha de muérdago. La flecha se clavó en el corazón de Balder, que cayó muerto.

Los dioses intentaron recuperar a Balder de la tierra de los muertos y Hela les dijo que, si todas las cosas y todos los seres del mundo **lloraban** a Balder, el hijo de Odín resucitaría. Todos lloraron al dios de la luz, excepto una **giganta** que era en realidad Loki disfrazado. Por su culpa, Balder tuvo que quedarse en el palacio de los muertos de Hela hasta la llegada del Ragnarök.

Dios de la transformación

Los dioses estaban muy enfadados por la muerte de Balder y fueron a buscar a Loki. Para cuando llegaron, Loki ya se había ido a unas montañas muy alejadas, donde se construyó una casa con cuatro puertas para poder vigilar todas las direcciones. Durante el día, se transformaba en **salmón** y se escondía en el río. Mientras nadaba, se le ocurrió una forma infalible de atrapar peces y así fabricó la primera red de pesca con una cuerda.

Pero Odín, desde su palacio, podía ver todo lo que pasaba en los nueve mundos y no tardó en localizar a Loki y enviar a los dioses guerreros a detenerlo. Cuando vio que se acercaban, Loki cayó en la cuenta de que los dioses podían usar la red que había fabricado para cazarlo a él, así que la quemó, se transformó en salmón y se lanzó al río.

Los dioses encontraron los restos de la red en la cabaña y la reconstruyeron. Después fueron al río y **pescaron** a Loki justo cuando estaba a punto de llegar al mar.

EL CASTIGO DE LOKI

Por el asesinato de Balder, Loki fue encadenado en una profunda cueva por toda la eternidad.

Desde entonces, una serpiente le derrama **veneno** sobre los ojos día tras día. Su mujer, **Sigyn**, intenta recoger todo el veneno que cae con un cuenco, pero cada cierto tiempo el cuenco se llena hasta los bordes. Sigyn intenta tirar el veneno al suelo rápidamente y volver a poner el cuenco sobre la cara de Loki, pero, a veces, un poco de veneno le cae en los ojos. Entonces, Loki se retuerce con tanta fuerza que causa **terremotos**.

Se dice que será en una de estas sacudidas cuando Loki romperá las cadenas que lo tienen prisionero. Entonces huirá hasta encontrarse con su hija Hela. En ese momento, Hela estará acabando de construir el **barco** más asqueroso de los nueve mundos: un barco fabricado con las uñas de los muertos. Loki pilotará el barco y la tripulación estará formada por cadáveres de asesinos y criminales que se dirigirán a la batalla final contra los dioses.

RAGNARÖK

Así es como los escandinavos creían que se acabará el mundo: enormes **terremotos** sacudirán la tierra, las cadenas que sujetan a Fenrir se romperán y el lobo devorará el Sol y la Luna, dejando la Tierra a oscuras. La serpiente de Midgard, Jörmungandr, se sacudirá violentamente y provocará **olas** gigantes que inundarán la Tierra.

Los **gigantes de fuego** avanzarán hacia Asgard, la tierra de los dioses, a través del puente del Arco Iris, que quedará reducido a cenizas. Heimdal, el guardián del puente, hará sonar su cuerno para avisar a los dioses de la llegada del apocalipsis. Los dioses se pondrán sus armaduras y se prepararán para la **batalla** final.

Odín montará en su caballo de ocho patas y empuñará su lanza mágica para luchar contra el lobo Fenrir.

Por su parte, Thor se lanzará, riendo a carcajadas, contra Jörmungandr. Mientras tanto, los demás dioses acudirán a la llamada para detener a los gigantes de fuego y hielo, aunque todos saben que su destino es morir en esta batalla final.

El crepúsculo de los dioses

El lobo Fenrir acabará devorando a Odín. Lo vengará su hijo Vidar, matando al lobo al partirle la mandíbula. Thor cumplirá con su destino matando a la serpiente Jörmungandr, pero, durante la pelea, esta **morderá** a Thor. El dios del trueno solo tendrá tiempo de dar nueve pasos antes de caer muerto.

Heimdal, el guardián del puente del Arco Iris, se enfrentará a Loki en un combate en el que los dos acabarán muertos.

RAGNARÖK II:
EL APOCALIPSIS ZOMBI

La batalla final

Una enorme llanura llamada **Vigrid** se llenará de guerreros vikingos y valquirias, que lucharán contra un enorme ejército de muertos y gigantes. Será la mayor batalla de todos los tiempos.

Todos los guerreros morirán intentando detener al ejército del infierno. Hacia el final de la batalla, el hermano de Freya, Freyr, se enfrentará a un gigante de fuego. Conseguirá derrotarlo, pero, antes de morir, el gigante lanzará una enorme **llamarada** que acabará de consumir al mundo. Vapores venenosos surgirán del suelo y las estrellas caerán del cielo, mientras la tierra se **hunde** en un mar tormentoso.

Después del Ragnarök

Después del Ragnarök, una **nueva** tierra saldrá del mar, verde y justa, iluminada por los hijos del sol y la luna.

Dos seres humanos también escaparán a la destrucción, ocultándose dentro del fresno de los nueve mundos, y sus hijos repoblarán la tierra.

Entre los dioses que sobrevivan, estarán los hijos de Odín, los hijos de Thor y también **Balder**, que volverá de entre los muertos para reinar en esta nueva tierra renacida.

TAL VEZ NO SABÍAS QUE...

Una costumbre vikinga muy extendida era **cortarles las uñas** a los muertos antes de enterrarlos. Lo hacían porque creían que Hela, la hija de Loki, estaba construyendo un **barco** con las uñas de los muertos. En cuanto acabase de construirlo, comenzaría el fin del mundo, así que preferían no darle demasiado material.

Para los vikingos, el infierno no era un lugar caliente donde arde un fuego eterno, sino uno húmedo en el que siempre hace **frío**.

Para intentar convertir a los vikingos al cristianismo, los monjes elaboraron una versión de la Biblia en la que Jesús era un feroz **guerrero** que luchaba contra los romanos.

HISTORIA DE LOS VIKINGOS

La mayoría de las cosas que sabemos sobre los vikingos proceden de las sagas islandesas.

Islandia es una isla que fue colonizada por los vikingos a partir del año 860. Cuatrocientos años después, los monjes de la isla empezaron a recopilar canciones, poemas y cuentos que hablaban de sus **antepasados**.

Para entonces, la época de los vikingos había quedado atrás hacía siglos, así que algunas sagas están a medio camino entre un libro de historia y una novela de aventuras: no podemos saber con seguridad cuánto de la historia vikinga es real y cuánto es fantasía.

Una mañana de verano del año 793, un grupo de vikingos bajó de sus barcos de guerra y se dirigió con paso rápido hacia el **monasterio** de Lindisfarne, en Inglaterra.

El monasterio estaba habitado únicamente por monjes, que no tenían armas. Los vikingos irrumpieron en la iglesia para **robar** las cruces de oro y otros objetos de valor, y asesinaron a todo aquel que intentara impedirlo. El ataque pilló por sorpresa al monasterio y los monjes no pudieron oponer resistencia.

Algunos fueron capturados y vendidos como esclavos, otros huyeron, pero un par de ellos pusieron a salvo la **momia de san Cutberto** para que el fuego no la destruyera.

La noticia corrió por la región y el ataque a Lindisfarne quedó registrado en las crónicas de los monasterios medievales como el **primer** ataque de los bárbaros del norte.

Así fue como los vikingos entraron en la historia.

Desde el punto de vista de los vikingos, el ataque había sido todo un **éxito**. Sin bajas en su bando y con un botín abundante y fácil, la historia empezó a circular por Escandinavia igual que lo había hecho en Inglaterra.

Los demás vikingos no tardaron en lanzarse al mar en busca de monasterios. La **era vikinga** había comenzado.

LOS HOMBRES
DEL NORTE

Los monjes medievales vivían en monasterios y se dedicaban a trabajar la tierra y a ofrecer servicios religiosos a las comunidades vecinas. Su lema era «**ora et labora**», es decir, «reza y trabaja».

No tenían armas y vivían aislados, lo que los convertía en las víctimas favoritas de los vikingos en esta primera etapa. Además, tenían un montón de cosas de **valor**, como cruces de oro o cajas de plata para guardar los objetos que se utilizaban en misa.

En esa época, los ataques a los monasterios eran tan numerosos que existía una famosa plegaria que decía «**de la furia de los hombres del norte, líbranos, Señor**».

Estas primeras **expediciones de saqueo** consistían en llegar a un sitio, atacar por sorpresa y con violencia, robar todo lo que hubiera a mano y desaparecer en el mar, de vuelta a Noruega o a Dinamarca. Con el tiempo, los jefes vikingos que organizaban estas expediciones se ganaron el respeto de sus hombres y pudieron pagar la construcción de más barcos y preparar expediciones más ambiciosas. Cualquier ciudad que estuviera cerca de la costa o de un río podía ser el próximo objetivo de una incursión vikinga.

Ragnar Lodbrok fue el primer jefe vikingo cuyo nombre y apellido conocemos. Hoy por hoy, no se sabe si existió de verdad o si su figura **legendaria** se creó combinando a varios vikingos reales de la historia. Se cuenta que era hijo del rey de Suecia, pero que vivió muchos años como un simple campesino. Con el paso del tiempo, sus atrevidos **ataques** a los pueblos costeros de Francia o Inglaterra lo convirtieron en una **leyenda**.

Sus primeras incursiones resultaron un auténtico éxito. Fueron tan bien que Ragnar se quedó muy pronto sin enemigos contra los que luchar. Para evitar que sus hombres se aburriesen y empezaran a pelearse por tonterías, planificó la **expedición** más grande que se había llevado a cabo hasta entonces: 120 barcos de asalto y más de 5000 guerreros se adentrarían en el reino franco para atacar **París**.

Los vikingos atacan París

Hacia el año 845, Ragnar Lodbrok y sus hombres llegaron a la desembocadura del **Sena** y avanzaron río arriba, atacando todos los pueblos que encontraron a su paso. Como era la primera incursión vikinga en la zona, nadie sabía cómo detenerlos.

El rey de Francia, Carlos II, intentó expulsarlos con un ejército improvisado, pero Ragnar y sus hombres lo derrotaron y se dirigieron a París, que entonces era una pequeña ciudad construida sobre una **isla**. Destruyeron el **puente** que comunicaba la ciudad con tierra firme y los parisinos quedaron atrapados, rodeados de barcos. Al final, el rey decidió dar a los vikingos un montón de **oro** para que se marcharan y no volvieran. Fue la primera vez que un rey europeo **pagaba** a los vikingos para evitar un ataque, pero no sería la última.

Una de las mujeres más importantes de la historia vikinga fue **Hladgerd**, traducido a menudo como Lagertha.

Su historia comenzó cuando un caudillo sueco llamado **Frodo** invadió Noruega y asesinó al *jarl* **Siward** (*jarl* significa 'conde', aunque actuaban más bien como reyes), abuelo de Ragnar Lodbrok. Frodo decidió humillar a la familia real y obligó a trabajar en un burdel a todas las mujeres de la corte. Pero unas cuantas lograron **escapar** y tomaron las armas para luchar contra Frodo. Entre ellas, destacó Lagertha.

Se decía que **peleaba** mejor que nadie y que sus enemigos temblaban de miedo cuando la veían llegar. Ragnar también fue con su ejército a atacar a Frodo, para vengar a su abuelo. Tras conocer a Lagertha en batalla, se casaron y tuvieron un hijo, pero no tardaron mucho en **divorciarse**. Aun así, Lagertha colaboró con él en más de una guerra.

En la **batalla de Laneus**, Lagertha volvió al mando de **ciento veinte barcos de guerra**. Cuando Ragnar y sus hombres estaban acorralados, el ejército de Lagertha apareció por sorpresa, rodeó al enemigo y cambió por completo el resultado de la batalla.

Lagertha volvió a Noruega y se casó con el nuevo *jarl*, pero al parecer este no la trataba bien, así que lo **asesinó** con una punta de lanza que escondía bajo el vestido. Se autoproclamó entonces **reina de los vikingos noruegos** y gobernó en solitario hasta el fin de sus días, sin que nadie se atreviera a desafiarla por el trono.

Como pasa siempre que hablamos de vikingos, cuesta mucho saber cuánto de su historia es real y cuánto se ha exagerado y mezclado con fantasía. Algunas de las aventuras que se le atribuyen se parecen mucho a las gestas mitológicas de la diosa **Thorgerd**, así que no podemos saber con seguridad cuántas sucedieron en realidad.

Ragnar y el oso

Ragnar se enamoró de Lagertha a primera vista y le pidió matrimonio, pero ella no pensaba ponérselo fácil. Hizo que Ragnar fuera a su casa para pedirle la mano y, cuando este llegó, se encontró la casa vigilada por un enorme **oso** y un feroz **perro** de caza. Ragnar mató al oso con una lanza y al perro con sus propias manos. Solo entonces, Lagertha decidió que era un guerrero lo bastante fuerte para ella y aceptó casarse con él.

OH, UN HUEVO, SIEMPRE HABÍA QUERIDO UNO.

No hay mucho que sepamos acerca de **Thora Borgarhjörtr Herraudsdotter**, porque las sagas escandinavas mitificaron su figura y su historia incluye criaturas fantásticas, aunque es casi seguro que está basada en una persona que existió de verdad. Su apodo, Borgarhjörtr, significa '**ciervo de la aldea**', porque se decía que su belleza la hacía destacar tanto entre el resto de la gente como un ciervo destaca entre los animales.

Thora era la hija del rey **Herraud**, *jarl* de Suecia. Según la leyenda, cuando aún era una niña pequeña, su padre le trajo un misterioso **huevo** de tierras lejanas. Cuando el huevo se abrió, salió una pequeña **serpiente**, que creció y creció hasta convertirse en una monstruosa bestia: un *lindworm*, una criatura mitológica en la que creían los vikingos, que se parecía a un **dragón**, pero sin alas y con solo dos patas en lugar de cuatro. La criatura era muy celosa y no dejaba que nadie se acercase a Thora.

Conforme la chica se iba haciendo mayor, la serpiente no dejaba que nadie entrara en la cabaña en la que vivía. Herraud juró que aquel que lograse **matar** al monstruo podría casarse con Thora. Y el que lo logró fue, por supuesto, **Ragnar Lodbrok**.

Tras casarse con Ragnar, **reinó** con él en Dinamarca y tuvieron dos hijos, que morirían años después peleando contra un rey de Suecia. Thora murió de una enfermedad cuando apenas tenía treinta años.

Pantalones peludos

Según las sagas, fue el padre de Thora quien le puso a Ragnar el apodo **Lodbrok**, que significa 'pantalones peludos'.

Ragnar sabía que tenía que luchar contra un monstruo de colmillos afilados que escupía veneno, así que se fabricó unos pantalones muy gruesos hechos con **pieles** de animales.

Cuando el rey lo vio llegar con aquellas pintas tan extrañas, se echó a reír y llamó a Ragnar «pantalones peludos».

Gracias a esta **protección**, Ragnar consiguió matar al monstruo y liberar a Thora.

Aslaug fue otra importante **reina vikinga** cuya historia se mezcla con figuras de la mitología.

Según la leyenda, Aslaug era hija del héroe mitológico Sigurd y la valquiria Brunilda. Como ambos murieron cuando era pequeña, su abuelo **Heimer** se encargó de criarla. Temiendo por su seguridad, construyó un **arpa** enorme con un compartimento secreto en el que la niña podía esconderse.

Heimer viajó como músico errante por tierras vikingas, con la niña escondida en el arpa. Una noche, en Noruega, se alojó en casa de unos campesinos, que lo **asesinaron** pensando que ocultaba riquezas en el arpa. Cuando descubrieron que allí había una niña, la adoptaron y la llamaron **Kráka**, 'cuervo'. La ensuciaban con alquitrán y la vestían con harapos, para disimular su belleza.

Pero sucedió que los hombres de **Ragnar** la vieron bañarse en el río mientras cocinaban y se quedaron tan embobados que se les quemó la comida. La historia que le contaron a su jefe le llamó mucho la atención, y Ragnar y Aslaug terminaron casándose.

Las sagas atribuyen a Aslaug poderes de **hechicera**. Ragnar estaba visitando al rey **Eystenn Beli** de Suecia, que le propuso que abandonara a su nueva esposa y se casara con su hija, pero unos cuervos avisaron de ello a Aslaug. Cuando Ragnar volvió a casa, Aslaug lo hizo cambiar de opinión y, al final, se quedaron juntos. Tuvieron varios hijos, entre ellos Ivar el Deshuesado. El rey sueco se enfadó por el rechazo a su propuesta y desató una **guerra** contra Ragnar, donde murieron los dos hijos que había tenido con Thora. Para vengarlos, Aslaug se puso al mando de un ejército de 1500 hombres, adoptando el nombre de guerra **Randalin** y derrotando a los suecos.

El acertijo de Ragnar

Cuando sus hombres le hablaron de la belleza de Aslaug, Ragnar la mandó llamar para conocerla, pero le puso un **acertijo** para asegurarse de que era inteligente. Le pidió que se presentara ante él ni vestida ni desnuda, ni hambrienta ni saciada, ni sola ni acompañada.

Aslaug, que era mucho más ingeniosa de lo que sus padrastros pensaban, se presentó ante él vestida únicamente con una **red** de pesca, mordisqueando una **cebolla** y acompañada por un **perro**. Impresionado por su inventiva, Ragnar le propuso matrimonio. Ella aceptó, pero tampoco pensaba ponérselo fácil: solo se casaría con él una vez que Ragnar lograra completar la misión que lo había llevado a Noruega.

Uno de los hijos de Ragnar era **Ivar Ragnarsson**, también conocido como Ivar el Deshuesado. Las sagas islandesas lo describen como un rey sabio, justo y fuerte. Pero las crónicas inglesas, escritas por las víctimas de sus ataques, cuentan una historia muy distinta: hablan de un **cruel** vikingo que ofrecía a Odín sacrificios humanos. Cuando los cristianos caían en sus manos, podían estar seguros de que iban a tener un final doloroso y sangriento.

Cuentan también que Ivar conocía bien las **costumbres** de sus víctimas. Siempre intentaba atacar los pueblos y ciudades mientras sus habitantes estaban en misa, para tenerlos a todos juntos y no tener que ir por ahí matándolos de uno en uno.

Cuando Ragnar tenía más de **cuarenta** años, sus hijos empezaron a convertirse en famosos saqueadores vikingos. Al parecer, Ragnar quería demostrar que seguía siendo tan fiero como cuando era joven y en el año 865 organizó una improvisada flota para atacar Northumbria, uno de los pequeños reinos que formaban lo que hoy es **Inglaterra**. Sin embargo, cuando ya estaban llegando a la costa, se desencadenó una terrible **tormenta** que hundió muchos barcos mientras otros se estrellaron contra las rocas.

Al enterarse del catastrófico desembarco, el rey **Aelle de Northumbria** reclutó a todos los hombres capaces de empuñar una espada y atacó a los pocos vikingos que habían sobrevivido. Superados en número, los vikingos fueron derrotados y Ragnar fue hecho **prisionero**.

Aelle decidió **ejecutar** a Ragnar de un modo ejemplar y lo arrojó a un foso lleno de serpientes venenosas. Antes de morir, Ragnar gritó:

¡Y vaya si se enfadaron! En cuanto sus hijos se enteraron de lo que el rey inglés le había hecho a su padre, reclutaron a tantos hombres como pudieron y partieron hacia Inglaterra en busca de **venganza**. Era el ejército vikingo más grande que se había visto jamás y los ingleses lo llamaron «el Gran Ejército Pagano».

Los vikingos construyeron campamentos permanentes y desde allí lanzaron terribles ataques contra lo que hoy en día llamamos Inglaterra. En el año 866, los vikingos tomaron la gran ciudad de **York**.

La venganza vikinga

Cuando se enteró de que los vikingos habían conquistado York, el rey **Aelle** dirigió hacia allí a sus tropas. Pensó que derrotar al Gran Ejército Pagano sería tan fácil como cuando había derrotado a las fuerzas de Ragnar un año atrás.

El rey se presentó en la ciudad y los vikingos salieron a combatir. En cuanto el rey Aelle dio la orden de avanzar a su ejército, los vikingos empezaron a retroceder y a huir. Los ingleses atacaron confiados en la victoria, pero los vikingos se dieron la vuelta, se reagruparon y formaron un muro de escudos que los atrapó: todo había sido una **trampa** para pillar a los ingleses por sorpresa.

La victoria de los vikingos fue **total**.

Durante la huida, el rey Aelle fue capturado con vida. Cuentan las sagas que Ivar el Deshuesado decidió vengar a su padre ejecutando a Aelle con el tormento conocido como «**el águila de sangre**». Se trataba de una forma de tortura extremadamente cruel y violenta; no era una forma agradable de morir.

Bjorn Brazo de Hierro era hijo de Ragnar y Aslaug. Empezó su carrera como guerrero a las órdenes de su padre, pero enseguida se hizo famoso por méritos propios: hacia el año 880, lideró una enorme **flota** de 80 barcos vikingos que se dedicaron a recorrer el **Mediterráneo** robando, saqueando y haciendo prisioneros.

Su primera parada fue en **Navarra**. Allí capturaron al rey, que había ido a detenerlos, y exigieron un gran rescate para liberarlo. Atacaron el sur de España, gobernado por los musulmanes en esa época. También se adentraron en **Francia**, donde saquearon varias ciudades y construyeron campamentos para pasar el invierno. En cuanto llegó el buen tiempo, Bjorn y sus hombres se dirigieron a **Italia** para hacer de las suyas.

El ataque a Luna

Los vikingos habían oído que **Roma** había sido la ciudad más poderosa del mundo, pero durante la era vikinga era poco más que un villorrio en ruinas habitado por un puñado de pastores y campesinos. Cuando vieron **Luna**, una próspera ciudad comercial, creyeron que era Roma y decidieron atacar.

Bjorn usó el **ingenio**: algunos de sus hombres, desarmados, se dirigieron al obispo de la ciudad para comunicarle que su jefe estaba muy enfermo y a punto de morir. Pidieron al obispo que lo bautizase para que pudiera ir al cielo y el obispo lo hizo. Al cabo de unos días, los mismos hombres se presentaron ante el obispo y le dijeron que Bjorn había muerto y su último deseo era ser enterrado en la catedral. El obispo les dejó entrar en la catedral con el ataúd.

Una vez dentro, el ataúd se abrió y de él salió Bjorn, muy sano y con una espada en la mano, repartiendo armas entre sus hombres. Tras un breve y sangriento combate, sus hombres abrieron las puertas de la ciudad al ejército vikingo que esperaba fuera. La ciudad de Luna fue arrasada, saqueada y quemada, y muchos de sus habitantes fueron asesinados o capturados como esclavos. Eso les pasa por fiarse de un vikingo.

SORPRESAAA...

Tras pasar unos años prósperos robando, matando y haciendo lo que solían hacer los vikingos, Bjorn decidió que ya tenía suficientes esclavos y oro como para **volver** a casa.

Su enorme flota partió de vuelta a Escandinavia, pero por el camino se encontró con la **armada bizantina**, que venía de Constantinopla para detenerlo. Constantinopla era, durante la Edad Media, la ciudad más rica y poderosa de Europa. Sus barcos estaban equipados con catapultas que lanzaron vasijas llenas de **fuego griego** contra los *drakkars* de Bjorn. La mitad de la flota se incendió y se hundió en el Mediterráneo, pero Bjorn pudo escapar.

Años después, gracias a su fama y sus riquezas, Bjorn se convertía en **rey de Dinamarca**, y vivió hasta el final de sus días como un vikingo rico y respetado.

El fuego griego

El fuego griego era un **arma química** que consistía en un líquido pegajoso muy **inflamable**. Lo que lo hacía tan terrible era que, una vez encendido, no se apagaba ni siquiera bajo el agua. Los bizantinos podían rociar los barcos enemigos con una especie de lanzallamas, o bien usar catapultas que lanzaban vasijas que **explotaban** y se incendiaban cuando se rompían, como si fuesen bombas.

La receta exacta del fuego griego era un **secreto** tan valioso que solo lo conocía el emperador. En 1453, los turcos atacaron Constantinopla. En la última batalla del Imperio bizantino, el emperador murió en combate y se llevó el secreto a la tumba.

ESTOS VIKINGOS SE ENCIENDEN POR CUALQUIER COSA.

En el año 860, un vikingo llamado **Riúrik** fue elegido jefe por varias tribus del norte de Europa que llevaban años en guerra. Una vez que tomó el control de estas tribus, las condujo bajo su mando a la ciudad de **Nóvgorod**. En esa zona, a los vikingos los llamaban «rus», 'remeros', y al reino que crearon lo llamaron la Rus de Nóvgorod.

Cuando Riúrik llegó a Nóvgorod, sus habitantes le explicaron que la ciudad estaba casi arruinada por culpa de los bandidos **jázaros**, a los que tenían que pagar mucho dinero cada año a cambio de que no los atacasen. Los jázaros eran unos jinetes nómadas con fama de ser muy feroces, pero a los vikingos no les daban miedo. Riúrik esperó a que llegaran a la ciudad a por el dinero y los derrotó en una cruenta batalla.

Sus sucesores trasladaron la capital del reino a **Kiev**, que se convirtió en un centro de comercio internacional.

Hacia el año 1237, un enorme ejército **mongol** invadió la región con miles de arqueros montados a caballo. Fue el fin de Kiev, que fue conquistada en el 1242.

La caída de Kiev hizo surgir, años después, otro reino con una nueva capital, **Moscú**. Se llamó **Rusia**, la tierra de los rus o, lo que es lo mismo, la tierra de los vikingos.

Riúrik murió en el año 879 y el único pariente vivo que le quedaba era Oleg de Nóvgorod. Cuando Oleg se hizo con el poder, decidió **expandir** el reino y conquistar la ciudad de Kiev en el año 882. Así podría controlar el río **Dniéper**, que era el camino más corto hacia la ciudad más rica de Europa, la capital del Imperio bizantino: **Constantinopla**.

Los *drakkars* vikingos descendieron por el río y se plantaron en el puerto de Constantinopla, pero los bizantinos no se los tomaron muy en serio, porque desde los barcos era imposible atravesar las enormes murallas de la ciudad.

Oleg ordenó que colocaran sus barcos sobre ruedas y los hizo avanzar contra las murallas. El emperador bizantino León VI se vio obligado a negociar la paz con Oleg y llegaron a un **acuerdo** que hizo de Kiev una ciudad muy rica.

El final de Oleg de Nóvgorod

Según la leyenda, un adivino le dijo a Oleg que su **caballo** lo mataría. Oleg creía mucho en esas cosas y ordenó que mataran a su caballo por si acaso.

Años después, pidió ver los restos del animal y lo llevaron al lugar donde estaba su esqueleto. Oleg apoyó el pie en el cráneo del caballo, del que salió una **serpiente** venenosa que le mordió y lo mató.

ROLLÓN EL CAMINANTE

Rollón, Hrolf Ganger, era un líder vikingo muy respetado por sus hombres, que le llamaban el Caminante porque, según cuentan las sagas, era tan **grande** que ningún caballo era capaz de sostenerlo.

Rollón no buscaba solo saquear y robar, sino que su intención era encontrar nuevas tierras en las que asentarse con sus hombres. Decidió remontar el Sena y adentrarse en **Francia** con sus hombres, haciendo lo que acostumbraban a hacer los vikingos. El rey de Francia, **Carlos III el Simple**, se dio cuenta de que no iba a ser fácil derrotar a ese ejército, que al parecer había llegado para quedarse. Así que decidió darle una parte de sus **tierras** que daban al mar, a cambio de que Rollón protegiera el reino de los ataques de otros vikingos. Estas tierras pasarían a llamarse **Normandía**, 'tierra de los hombres del norte'.

Cosas de vikingos

En el 911, Rollón juró lealtad al rey de Francia, se casó con una de sus hijas y se convirtió al cristianismo. Así fue cómo él y sus descendientes se convirtieron en **duques de Normandía**.

Cuentan que hubo cierta confusión durante la ceremonia: Rollón debía arrodillarse y **besar los pies** del rey, como era costumbre, pero se negó porque le parecía una humillación. Rollón ordenó a uno de sus hombres que besara los pies del rey. A este vikingo la idea le gustaba tan poco como a Rollón, así que levantó al rey para no tener que agacharse. El rey acabó por los suelos, con corona y todo.

Años después, cuando ya era un anciano, Rollón volvió a adorar a los **dioses** paganos. La leyenda dice que, en una ocasión, ordenó que les cortaran la cabeza a cien prisioneros cristianos como sacrificio a Odín.

Erik era uno de los muchos hijos de Harald I, **rey de Noruega**. Cuando su padre murió, sus hijos empezaron a discutir para decidir quién heredaría el trono. Erik acabó con las disputas **asesinando** a la mayoría de sus hermanos. Así fue como se ganó el mote de Erik Hacha Sangrienta.

La mayoría de los súbditos de Erik lo odiaban porque era mandón y cruel. Cuando su **hermano** pequeño, **Haakon**, volvió para reclamar el trono, los nobles y guerreros de Noruega se unieron a él y derrotaron a Erik, que tuvo que huir.

Hacha Sangrienta se dedicó al saqueo durante un tiempo, y hasta hay quien dice que logró que lo nombraran **rey de York**. Pero el pueblo, de nuevo, se cansó de sus abusos y se **rebeló**. Erik reunió un ejército para aplastar a los rebeldes, pero algunos de sus hombres cambiaron de bando y llevaron a las tropas de Erik a una emboscada en la que lo mataron.

Brujas y vikingos

Erik viajó en cierta ocasión a **Dinamarca** para una amistosa comida con **Gorm**, el rey del lugar. Cuando llegó, conoció a la preciosa hija del rey, **Gunnhildr**, y se enamoró perdidamente. Se casaron al día siguiente y Erik regresó a su reino.

Al llegar, muchas personas dijeron que Gunnhildr era conocida por ser una poderosa **bruja**. Decían que había vivido durante años con dos **hechiceros** que le enseñaron a hacer todo tipo de magia.

A su marido no le importaron esas habladurías. De hecho, su **reputación** de bruja lo ayudó bastante: nadie se atrevía a hablar mal del rey o a intentar asesinarlo por miedo a Gunnhildr, de la que se decía que podía leer el pensamiento y adivinar el futuro.

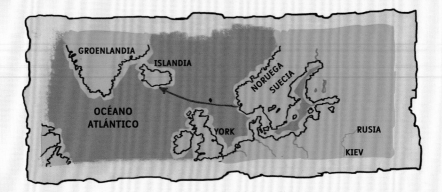

Se dice que los primeros vikingos en llegar a Islandia lo hicieron por **accidente**, cuando una tormenta empujó sus barcos hacia la isla. Pero parece que el primer vikingo que fue a Islandia aposta fue **Flóki Vilgerðarson**.

La leyenda cuenta que Flóki dejó libres a sus tres **cuervos** cuando navegaba cerca de Escocia. El primer cuervo regresó inmediatamente al barco, el segundo voló un rato y luego volvió también, pero el tercero voló en línea recta hacia el oeste. Flóki lo siguió hasta llegar a una isla helada y deshabitada a la que llamó Islandia, '**la tierra de hielo**'.

Flóki y su gente desembarcaron y empezaron a construir casas para pasar el invierno, pero aquel año el **frío** y la falta de pastos mataron a todas las vacas y las ovejas. Sin recursos, esos primeros colonos tuvieron que abandonar la isla al cabo de un año y volver a Noruega.

Unos años después, Flóki volvió un poco más preparado y se quedó a vivir en la isla, esta vez para siempre. Con el tiempo, otros escandinavos llegarían a la isla en busca de tierras fértiles, huyendo de las guerras y del control de los reyes.

El Althing, el primer parlamento

Hacia el año 930 se creó en Islandia el primer parlamento vikingo. Los hombres libres escogían **representantes**, que se reunían una vez al año para discutir sobre las leyes y el gobierno. Los islandeses descubrieron así que era mejor solucionar los problemas hablando que peleando.

El lugar donde se reunían era un pequeño valle rodeado de rocas llamado **Thingvellir**, que significa 'los campos de la reunión'.

Harald Blåtand, traducido al inglés como Bluetooth, fue el primer rey vikingo que **heredó** el trono al fallecer su padre, el ya mencionado Gorm de Dinamarca. Hasta entonces, cuando un rey moría, los otros jefes luchaban entre sí para ver quién se quedaba el trono.

Harald unificó los pequeños reinos de Dinamarca y Noruega bajo su mando, pero es más conocido por ser el primer rey vikingo que adoptó la religión cristiana, en el año 965. Una divertida **fábula** cristiana cuenta que un **sacerdote** lo visitó para convencerlo de que no había nueve dioses, como creían los vikingos, sino uno solo. Harald le puso un hierro al rojo vivo en la mano y le dijo que, si su dios era tan poderoso, le protegería de cualquier mal. Según la fantasiosa historia, el sacerdote no se quemó y por ello Harald se bautizó y se convirtió al cristianismo. En realidad, Harald fue derrotado por un **emperador** germánico, **Otón I**, que lo obligó a pasarse al catolicismo a cambio de perdonarle la vida.

En el año 985, el hijo de Harald Bluetooth, **Svend Barba Partida**, reunió un ejército de seguidores para arrebatarle el trono a su padre. Harald se enfrentó a su hijo, pero murió durante la batalla y Svend se convirtió en rey de Noruega.

Harald nos conecta

Bluetooth, 'diente azul', es un apodo. Algunos historiadores piensan que se debía a que tenía **caries**, otros que era muy aficionado a los **arándanos** y sus dientes siempre estaban manchados de azul. Otros creen que es una traducción errónea del apellido **Blåtand**, 'hombre grande de piel morena'. La cuestión es que, mil años después, la compañía **Ericsson** puso su nombre al sistema de comunicación inalámbrica.

Por eso, el logo de Bluetooth es la suma de las **runas** con las iniciales del rey vikingo.

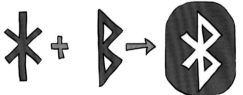

CONSTANTINOPLA

En el año 941, los vikingos de **Kiev** volvieron a atacar Constantinopla. 50 000 guerreros y mil barcos de todo tipo atacaron la ciudad, aprovechando que el ejército bizantino estaba lejos, librando una guerra contra los árabes.

Los vikingos se dieron cuenta de que no podían conquistar la ciudad, así que se fueron en busca de objetivos más fáciles. Pasaron el verano **saqueando** aldeas y pequeñas ciudades por toda la región hasta que volvió la flota bizantina.

Luchar contra los veteranos soldados bizantinos era muy distinto a atacar a campesinos desarmados, así que los vikingos decidieron marcharse de la región, pero no contaban con que la flota bizantina los estaba esperando. Los barcos bizantinos iban equipados con lanzallamas y catapultas, y lanzaron fuego griego hasta reducir la flota vikinga a **cenizas**.

La Guardia Varega

Constantinopla quedó tan impresionada por la ferocidad de los vikingos que, el año 988, el emperador decidió que su **guardia** personal estaría compuesta únicamente por ellos. Los llamaron Guardia Varega y cobraban una auténtica **fortuna** por su trabajo. Tanto, que algunos hombres ahorraban durante años para poder sobornar al encargado de seleccionar a la guardia, porque sabían que al cabo de pocos años ganarían mucho más dinero. Además de ser guerreros brutales, los varegos también tenían fama de **beber** demasiado y pronto los apodaron «los barriles del emperador».

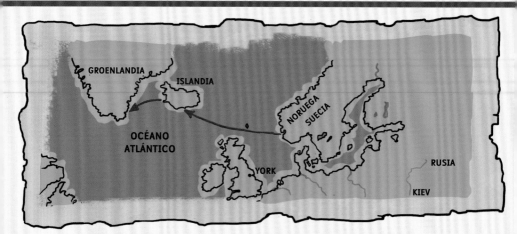

Cuando **Erik el Rojo** era pequeño, su familia quedó en el bando perdedor de una guerra. Su padre tuvo que marcharse de Noruega y emigrar a **Islandia**. Allí no llegaba la autoridad de ningún rey, así que Erik y su padre pasaron años recorriendo en barco las costas de aquel país. Comerciaron con pieles y entablaron relación con otros colonos al participar en la asamblea de hombres libres, la **Althing**.

En esas reuniones, Erik escuchó historias de viejos marinos que hablaban de una **isla** que podía verse más allá del mar del oeste. Una tierra misteriosa a la que nadie había llegado jamás.

Erik intentó alcanzar esa tierra misteriosa durante años. En el 982, una tormenta arrastró su barco en la dirección adecuada y Erik llegó a las costas de una gigantesca isla: Erik había descubierto **Groenlandia**.

Rumbo a la Tierra Verde

En aquella tierra helada y desolada, solo crecían el musgo y algunas plantas pequeñas, pero Erik la llamó Groenlandia, 'tierra verde', para que la gente se animara a ir.

El nombre funcionó. Tres años después del descubrimiento, una flota de 25 barcos zarpó de Islandia con rumbo a Groenlandia. Los colonos se dedicaron a la caza, la pesca y a comerciar con los esquimales. Pronto empezaron a levantar pueblos y granjas.

LEIF ERIKSSON

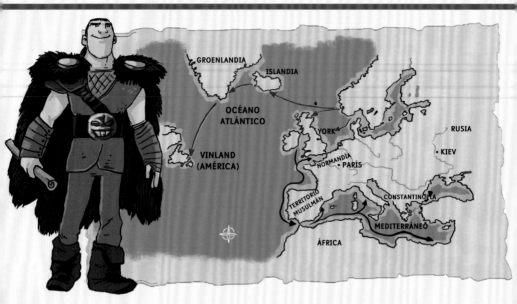

Leif Eriksson era el hijo mediano de **Erik el Rojo**. Como su padre, Leif empezó muy pronto a navegar, y exploró las costas de Islandia y Groenlandia. En uno de sus primeros viajes, se topó con un barco cargado de mercancías valiosas que estaba a punto de naufragar. Leif y sus hombres salvaron a los marineros y la carga, y obtuvieron una buena recompensa por ello. Desde entonces, lo llamaron **Leif el Afortunado**.

Hacia el año 1000 d. C., conoció a un marinero que aseguraba haber visto una tierra cubierta de bosques al **oeste** de Islandia. Leif le compró el barco y siguió sus indicaciones para llegar a ese lugar desconocido para los europeos.

A los pocos días de navegación, llegó a una zona cubierta de glaciares. Siguió navegando hacia el sur, donde encontró densos bosques y, más allá, ríos llenos de salmones y prados con uvas silvestres. Leif bautizó esa nueva tierra con el nombre de **Vinland**, 'la tierra de las viñas'.

Tras explorar los alrededores, decidieron construir unas cabañas para pasar el invierno. Al llegar la primavera, Leif y los suyos regresaron a Groenlandia.

Leif Eriksson había llegado a **América**, unos quinientos años antes de que lo hiciera Cristóbal Colón.

Años después del descubrimiento de Leif, su hermano **Thorvald** le pidió prestado el barco para volver a Vinland. Thorvald se estableció por la zona donde había estado su hermano y, poco a poco, empezó a explorar los alrededores.

Al cabo de un tiempo, Thorvald se dio cuenta de que no estaban solos: la región llevaba **habitada** desde hacía miles de años. Varios grupos de **nativos americanos** vivían allí, además de algunos grupos de **inuits**, esquimales, que se dedicaban a la caza y la pesca.

Parece ser que los vikingos y los nativos no se llevaron muy bien: en las orillas de un lago, los indígenas tendieron una **emboscada** al grupo de vikingos y Thorvald cayó muerto.

ME DA QUE ESTA GENTE NO TRAE BUENAS INTENCIONES...

Las exploraciones y la construcción de poblados continuaron un tiempo, pero los vikingos acabaron **abandonando** los asentamientos de América para siempre.

Nadie sabe por qué se fueron, pero la causa más probable es que su marcha se debiera a los enfrentamientos con los nativos. Los vikingos siempre fueron muy pocos en la región y, probablemente, las tribus vecinas se aliaron para **expulsarlos**.

HARALD EL DESPIADADO, EL ÚLTIMO VIKINGO

Harald Hardrada era hijo de Sigurd Syr, rey de uno de los pequeños reinos que formaban lo que hoy en día es Noruega. En el año 1030, su padre murió luchando contra el rey de Dinamarca. Harald resultó también gravemente herido y tuvo que huir de su país.

Viajó por Rusia y luchó como **soldado a sueldo** de varios reyes hasta que llegó a la ciudad de Constantinopla. Allí se convirtió en miembro de la Guardia Varega y luchó durante años contra los enemigos del Imperio bizantino. Se dice que era un gran jefe militar y que el emperador quedó tan impresionado por su valor que lo nombró **capitán** de la guardia.

Capitán de la guardia

Poco después, el emperador murió y su esposa se casó de nuevo. El nuevo emperador, Miguel IV, mandó encerrar a la **emperatriz Zoe**, muy querida por el pueblo, para gobernar él solo. La ciudad se **rebeló** y se libraron combates callejeros entre los partidarios del emperador y los de Zoe.

Harald aprovechó la confusión para robar un gran **botín**. El nuevo emperador intentó detenerlo, pero Harald consiguió capturarlo vivo y lo dejó ciego con sus propias manos.

Cuando Zoe retomó el poder, le horrorizó el comportamiento de Harald y ordenó encarcelarlo. Pero sus hombres, con los que había combatido durante años, asaltaron la prisión y lo liberaron. Con su pequeño ejército de desertores y el botín robado, Harald volvió a Noruega y se casó con la hija del rey. Cuando este murió, se coronó a Harald **rey de Noruega** y fue muy duro con los que no querían obedecerlo. De ahí su apodo Hardrada, que significa '**el despiadado**'.

HARALD EN INGLATERRA

Tiempo después, el rey de Inglaterra murió sin hijos y surgieron varios pretendientes al trono. La asamblea de nobles ingleses nombró un rey, **Haroldo II**, pero había otros candidatos. Uno de ellos era **Tostig**, el hermano del mencionado rey, que le ofreció a Harald Hardrada la **mitad** de Inglaterra si lo ayudaba a derrotar a su hermano. Harald aceptó y desembarcó en el norte de Inglaterra.

En una breve batalla, sus hombres derrotaron a los ingleses. Harald estaba seguro de que no volverían y ordenó a una parte de su ejército atacar los poblados costeros ingleses para obtener provisiones y botín. Mientras tanto, Haroldo II reclutó otro ejército y marchó a toda prisa hacia el norte para volver a enfrentarse a él.

Al ver que un ejército se acercaba, Harald Hardrada pensó que eran sus hombres, que volvían. Cuando estuvieron más cerca, se dio cuenta de su error y ordenó a sus hombres cruzar el río para no quedar atrapados si perdían. Para ganar tiempo y esperar a los refuerzos que tenían que llegar, Harald colocó a un gigante de más de dos metros con una enorme hacha a proteger el **puente**. Según la leyenda, este vikingo mató a todo el que intentaba cruzar y no dejó pasar a nadie durante una hora, en la que acabó con **cincuenta** soldados enemigos.

Todo terminó cuando un soldado inglés bajó al río y le clavó una **lanza** desde abajo, por entre los tablones del puente. El vikingo murió y el ejército inglés **cruzó** el río.

La última batalla de Harald Hardrada estaba a punto de empezar.

El sacrificio de su gigantesco guerrero dio tiempo a los hombres de Hardrada para formar un **muro** de escudos que resistió la carga frontal de los soldados ingleses. El combate se detuvo unos momentos, tras los cuales los ingleses atacaron de nuevo, pero sus mejores tropas se quedaron atrás y no participaron en esta segunda carga.

Los ingleses **fingieron** que se retiraban y los hombres de Hardrada creyeron que habían ganado. Rompieron filas y se lanzaron a perseguir a los soldados en retirada. Pero, de repente, sonó un cuerno y los ingleses se dieron media vuelta, formaron un muro de escudos, y los soldados que habían quedado atrás **rodearon** a los vikingos.

Hardrada había caído en una trampa y, mientras intentaba reagrupar a sus hombres, una **flecha** se clavó en su garganta. La leyenda cuenta que sus últimas palabras fueron las siguientes: «Es solo una pequeña flecha, pero está cumpliendo su trabajo». Murió poco después.

Ese fue el final de Harald Hardrada, el **último** vikingo, en el año 1066.

LA CONQUISTA
DE INGLATERRA

Tras derrotar a los vikingos de Hardrada en el norte, el rey inglés **Haroldo II** tuvo que volver al sur precipitadamente: otro ejército enemigo había desembarcado en Inglaterra para disputarle el trono. Se trataba de **Guillermo el Bastardo**, duque de Normandía, descendiente directo del vikingo Rollón el Caminante.

Haroldo reclutó a algunos hombres de camino y llegó a la aldea de **Hastings** cuando ya oscurecía. Al amanecer del día siguiente, comenzaría una de las **batallas** más importantes de la Edad Media.

A primera hora de la mañana, los hombres de Guillermo se acercaron a la colina donde el rey había instalado su campamento. Los arqueros de Guillermo lanzaron sus flechas y los soldados de a pie atacaron a los ingleses, pero no tuvieron demasiado éxito. Guillermo intentó romper el muro de escudos de los ingleses con una **carga de caballería** dirigida por él mismo. Los ingleses respondieron arrojando jabalinas, hachas y piedras, y rechazaron el ataque.

LA BATALLA DE HASTINGS

Según la leyenda, en uno de estos ataques, el caballo de **Guillermo** fue alcanzado por una lanza y él desmontó para luchar a pie. Al no poder verlo, sus hombres pensaron que había muerto y se empezaron a desanimar, pero Guillermo se quitó el casco para que todos pudieran verle bien, mientras gritaba: «¡Miradme bien, todavía estoy vivo y, por la gracia de Dios, aún resultaré vencedor!».

A mediodía, la batalla se detuvo un rato. Se retiraron muertos y heridos del campo de batalla y los soldados se reagruparon. A las tres de la tarde, las tropas de Guillermo volvieron al ataque.

Los hombres de Guillermo fingieron retirarse varias veces para que los ingleses rompieran su formación y se lanzaran a perseguirlos. Poco a poco, los ingleses iban **perdiendo** más y más hombres, y su muro de escudos era cada vez más débil.

El final de la batalla llegó cuando un arquero le clavó al rey inglés Haroldo II una **flecha** en el ojo. Al saberse la noticia, las tropas inglesas se retiraron, todos menos los miembros de la Guardia Real, que rodearon el cuerpo del rey y lucharon hasta su último aliento. La victoria de los normandos fue total y Guillermo el Bastardo sería conocido a partir de entonces como **Guillermo el Conquistador**, rey de Inglaterra.

Poco después de la conquista de Inglaterra, los vikingos parecen **desaparecer** de la historia.

Sus países de origen habían cambiado: ya no eran un montón de aldeas independientes, donde los hombres se hacían a la mar cuando las cosas se ponían feas. En su lugar, habían surgido grandes **reinos medievales** con reyes, caballeros y castillos. Los vikingos habían abandonado a los antiguos dioses y ahora se arrodillaban en iglesias que sus antepasados habrían quemado. Los comerciantes sustituyeron a los piratas y a los exploradores.

La era de los vikingos había terminado.

Pero los vikingos dejaron algo más que robos y saqueos tras de sí. Sus descendientes **gobernaron** en Normandía, Inglaterra, Italia y Rusia. Allá donde fueron, fundaron nuevas ciudades y se mezclaron con los lugareños. En realidad, los escandinavos solo existieron como vikingos alrededor de doscientos años. Después, existieron como daneses, noruegos o suecos, hasta hoy.

Pero las **leyendas y sagas** sobre los guerreros que un día aterrorizaron Europa se han quedado con nosotros en forma de películas, series de televisión, videojuegos o libros como este.

La última exploración vikinga

En 1975, la NASA lanzó una **sonda espacial** en dirección a Marte. La sonda incluía un módulo de aterrizaje que tomó **muestras** del suelo y la atmósfera marciana antes de agotar sus baterías. Como homenaje a aquellos atrevidos navegantes que se habían adentrado en lo desconocido siglos atrás, la agencia espacial bautizó la misión y la sonda como **Viking**.

Historia para niños
ROMA

Próximamente
LOS GRIEGOS
LOS INCAS

LAS EXPEDICIONES DE LOS VIKINGOS

Próximamente

LAS OLIMPIADAS DE GRECIA

EL ORO DE LOS INCAS

HISTORIA PARA NIÑOS - LOS VIKINGOS
Primera edición: febrero de 2023

© Texto e ilustraciones: Miguel Ángel Saura, 2023
© Editorial el Pirata, 2023
Sabadell (Barcelona)
info@editorialelpirata.com
www.editorialelpirata.com

Todos los derechos reservados.
ISBN: 978-84-18664-25-0
Depósito legal: B 20576-2022
Impreso en China.

FSC
www.fsc.org
100%
Procedente de
bosques bien
gestionados
FSC® C152346

Con el apoyo de

El papel utilizado en este libro procede de fuentes responsables.
Editorial el Pirata apoya el *copyright*, que protege la creación de obras literarias y es,
por tanto, un elemento importante para estimular la labor de los artistas y la generación
de conocimiento. Os agradecemos que apoyéis a los autores comprando una edición
autorizada de este libro y que respetéis les leyes del *copyright* sin escanear ni distribuir de
forma total o parcial esta obra, por ningún medio, sin permiso. Diríjase a CEDRO (Centro
Español de Derechos Reprográficos, www.cedro.org) si necesita fotocopiar o escanear
algún fragmento.